頭がよくなる!!
ウソさがし 150
☆ USOSAGASHI ☆

監修　成田奈緒子
作　ひらめき★ウソさがし制作部

おうちの方へ

ウソさがしで楽しく脳を育てましょう！

知性を育てる「おりこうさん脳」は、1〜18歳まで成長し続けますが、6〜14歳ごろにその中核期を迎えます。**おりこうさん脳を育てるポイントは、無理に勉強をさせることではなく、子どもが自ら興味関心を抱き、思考や探究を深めていくことです。**

この本ではさまざまなジャンルや問題形式で、ウソを見つけ出すことに取り組みます。集中力や発想力など、さまざまな力が養われるうえ、いろいろな**言葉や表現にふれることで、語い力や言語能力もアップ**します。こうした脳への刺激は、おりこうさん脳の発達にとっても効果的なのです！
この本を通して、お子さんの「なぜ？」「どうして？」「もっとやりたい！」の気持ちを大切に、楽しみながら脳を育てていきましょう！

発達脳科学者
成田奈緒子先生

この本の見方

もんだい
もんだい文をよく読んで、こたえを考えよう。

もんだいはぜんぶで150もん

こたえ
こたえはつぎのページの下のらんにのっているよ。くわしいかいせつがあるもんだいと、もんだい149・150のこたえは、158～159ページを見てね。

ヒントやアドバイス
そうまとことはも、いっしょにもんだいを考えてくれるよ！

もくじ

おうちの方へ・・・・・・・・・・・・・・・ 2
この本の見方・・・・・・・・・・・・・・・ 3
この本に出てくるキャラクター・・・・・・ 6

パート1
ならびのウソをさがせ！・・・・・・・・・ 7

パート2
形のウソをさがせ！・・・・・・・・・・・ 29

パート3
ことば・もじのウソをさがせ！・・ 59

パート4
もの知り頭脳でウソをさがせ！・・ 89

パート5
すいりでウソをさがせ！・・・・・・・ 127

こたえのかいせつ・・・・・・・・・・・ 158

この本に出てくるキャラクター

ウソ王国のなかまたち

カワウソ大王

みんながウソをついてばかりの国・ウソ王国の王さま。ウソをつくのも、ウソを見やぶるのもとくい。そうまとことはをウソ王国にしょうたいする。プリンが大こうぶつ。

カワウソたち

カワウソ大王につかえるけらい。ぜんいんが「自分が一番ウソをつくのがうまい」と思っている。

そうま

小学3年生の男の子。やんちゃなせいかくで、まけずぎらい。いたずらでよくウソをつく。

ことは

そうまの妹の小学1年生の女の子。こわいもの知らずのしっかりもの。

パート1
ならびの ウソをさがせ!

まずは
かんたんなもんだいから
スタートだ!
ならんでいるじゅん番の
ルールを見つけて
ウソをさがし出そう!

ならびのウソをさがせ！ 1

サイコロ、ゆび、お金が、あるルールでならんでいるよ。①〜③の中で、ウソのならびはどれ？

①

②

③

パート1 ならびのウソをさがせ！

とってもかんたん！
ヒントは数字だよ

ならびのウソをさがせ！ 2

3びきのネコが、あるルールでならんでいるよ。ア・イ・ウに、どのネコが入るか考えてみよう。ウソをついているのは❶〜❸のだれ？

ならびのウソをさがせ！ 3

3わの小鳥が、あるルールでならんでいるよ。
ア・イ・ウに、どの小鳥が入るか考えてみよう。
ウソをついているのは①～③のだれ？

パート1 ならびのウソをさがせ！

① アは
② イは
③ ウは

①のこたえ ③

①②があらわす数字は左から、1・3・5だけど、③は1・10・5だよ。

①〜④は、あるルールでならんでいるよ。
ウソのならびはどれかな？

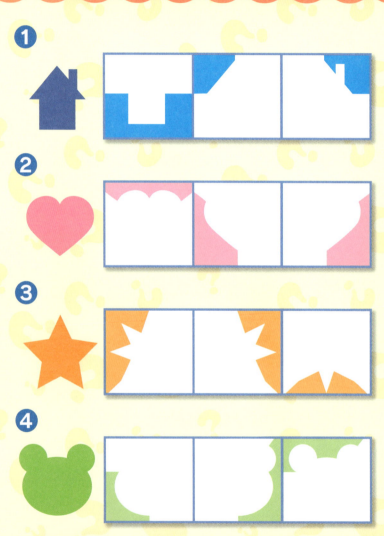

①〜④は、あるルールでならんでいるよ。
ウソのならびはどれかな？

しんごうきがならんでいるよ。①〜④の中に、ウソの信号きがかくれているみたい。どれかな？

❶

❷
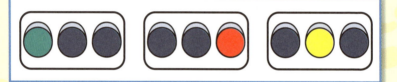

❸
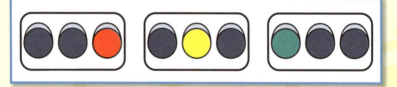

❹
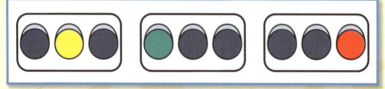

❹のこたえ
❸

❶❷❹はそれぞれ、右がわの3つの絵を組み合わせると、左はじの絵の形ができあがるよ。

なら びの ウソを さが せ! 7

5つのほう石が、あるルールでならんでいるよ。❶〜❹の中で、ウソのならびはどれ？

❶

❷

❸

❹

❺のこたえ ❹ ❶❷❸はそれぞれ、右がわの3つの絵を組み合わせると、左はじの絵の形ができあがるよ。

4つの天気が、あるルールでならんでいるよ。❶〜❹の中で、ウソのならびはどれ？

❶

❷

❸

❹

❻のこたえ
❶
赤信号と青信号の光っている場所がまちがっているよ。

ならびのウソをさがせ！ 9

4つの方向をむいて立っている人が、あるルールでならんでいるよ。❶～❸の中で、ウソのならびはどれ？

❶

❷

❸

見ていると目が回ってきちゃうね！

❼のこたえ ❷ ❶❸❹は、左から、💎→💚→🟡→🔷→💎→🟣…というルールでならんでいるよ。

ならびのウソをさがせ！ 10

いろいろな時こくをさした時計が、あるルールでならんでいるよ。❶～❸の中で、ウソのならびはどれ？

❶

❷

❸

みじかいはりのうごきにちゅう目してみよう！

❽のこたえ ❷

❶❸❹は、☀→☁→🌧→🌈→☀…というルールでならんでいるよ。

ならびのウソをさがせ！ 11

4つの数字が、あるルールでならんでいるよ。
?にウソの数字を入れようとしているのは
①〜③のだれ？

パート1　ならびのウソをさがせ！

3　6　?　12

① 9

0　5　10　?

② 15

③ 5

4　?　8　10

9のこたえ ③

①②は、左から、 → → → → …というルールでならんでいるよ。

いろいろな方向をさす矢じるしが、あるルールでならんでいるよ。❶〜❹の中で、ウソのならびはどれ？

❶

❷

❸

❹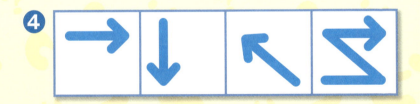

🔟のこたえ ❷　❶❸は、左からじゅんに2時間ずつすすんでいるよ。

ならびのウソをさがせ！ 13

音ぷがあるルールで音かいになっているよ。
①～④の中で、ウソの音かいはどれ？

①

②

③

④

パート1 ならびのウソをさがせ！

⓫のこたえ ③

①は左から3つずつ、②は5つずつ、③は2つずつ数字が大きくなるルールでならんでいるよ。③の？に当てはまる正しい数字は6だよ。

14 ならびのウソをさがせ！

いろいろなものが、あるルールでならんでいるよ。❶〜❸の中で、ウソのならびはどれ？

それぞれの名前を
しりとりでつないでみよう！

⓬のこたえ ❹
左から3つの矢じるしをつなげると、4つめの長い矢じるしができあがるよ。❹はできあがらないよ。

ならびのウソをさがせ! 15

いろいろなものが、あるルールでならんでいるよ。❶〜❹の中で、ウソのならびはどれ？

パート1 ならびのウソをさがせ!

🔢 のこたえ
❸

❶❷❹は、3音ごとに音かいが上がっていくけど、❸は音かいが下がっていくよ。

ならびのウソをさがせ！ 16

あるルールで❶〜❸の式が作られているよ。
ウソの式はどれ？

名前の頭もじを
つなげてみよう！

⓮のこたえ ❸

❶イヌ→ぬいぐるみ→ミミズ、❷ひこうき→キツネ→ネコ、❸はな・せんぷうき・クワガタ。

あるルールで❶〜❸の式が作られているよ。ウソの式はどれ？

パート1 ならびのウソをさがせ！

名前の頭もじのじゅんにちゅう目してみよう！

⓯のこたえ ❹
❶リス→スイカ→カマキリ、❷えんぴつ→つき→きょうりゅう、❸タンポポ→ポスト→トランプ、❹たこやき・シマウマ・トマト。

ならびのウソをさがせ! 18

あるルールで2つのグループに分かれているよ。？に入るものを考えてみよう。ウソをついているのは❶〜❸のだれ？

⑯のこたえ ❶
頭もじを読むと、❷たいよう・イカ・コイ＝たいこ、❸サクランボ・くり・ライオン＝さくら、❶シカ・キツネ・ほし＝アヒルにはならないよ。

ならびのウソをさがせ！19

あるルールでおすしが回っているよ。ウソのマグロが1つ多く回っているみたい。❶〜❸の、どのマグロかな？

パート1　ならびのウソをさがせ！

⓱のこたえ ❸

❶こま・のこぎり・き＝きのこ、❷ワイン・くるま・チーズ＝ちくわで、頭もじをぎゃくに読むならび。❸は、かさ・メガネ・ラーメン＝カメラで、そのままのならびだよ。

ならびのウソをさがせ! 20

あるルールでしょくぶつがならんでいるよ。❶〜❹の中で、ウソのしょくぶつがならんでいるのはどれ?

18 のこたえ ❸

左のグループは、頭もじが「あ行」の名前。右のグループは、頭もじが「か行」の名前。❸のスイカは「さ行」だから右のグループに入らないよ。

パート2
形のウソをさがせ！

形にかんするもんだいに
ちょうせんだ！
パズルやまちがいさがしも
あるよ！

21 形のウソをさがせ！

このじょうたいのまま上から見たときに、丸になるものをあつめたよ。❶〜❻のうち、ウソはどれ？

パート2 形のウソをさがせ！

⑲のこたえ ❸

時計回りに、🍣🍣🍣🍣🍣…というルールでならんでいるから、❸ がウソだよ。

このじょうたいのまま上から見たときに、四角形になるものをあつめたよ。❶〜❻のうち、ウソはどれ？

⑳のこたえ ❸ 左上から、🍀→🌼→🍅→🍀→🌼…というルールでならんでいるよ。❸に入るのは🍅だよ。

23 形のウソをさがせ！

あるルールで6つのものをあつめたよ。
①〜⑥のうち、ウソはどれ？

いろんな方向から見てみよう！

㉑のこたえ ②
②の時計は前から見ると丸いけど、上から見ると丸くないよ。

下の6つは、あるルールでかいた絵。でも、1つだけルールをまもっていないウソの絵があるよ。①〜⑥のうち、どれ？

①

②

③

④

⑤

⑥

じょうぎをつかってかけるかどうかがヒントだよ

㉒のこたえ ⑤　⑤のほかは、上から見るとすべて四角いよ。

下の5つは、組み立てるとサイコロの形になる図。1つだけ、ウソの図があるよ。❶～❺のうち、どれ？

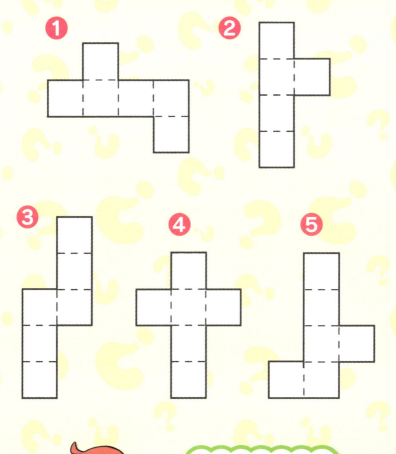

パート2 形のウソをさがせ！

サイコロのめんはぜんぶでいくつあるか考えてみよう！

㉓のこたえ ❻　❶～❺は見る方向によって四角形に見えるけど、❻はどこから見ても四角形に見えないよ。

下の5つは、組み立てると見本のようなサイコロになる図。ウソの図が1つだけあるよ。❶〜❺のうち、どれ？

となりどうしになる色に ちゅう目してみよう

27

下の５つは、組み立てると見本のようなサイコロになる図。ウソの図が１つだけあるよ。①〜⑤のうち、どれ？

どうぶつの絵のむきにちゅう目してみよう

25のこたえ ②
サイコロのめんはぜんぶで６つあるけど、②はめんが５つだからサイコロの形にならないよ。

37

下の5つは、組み立てると見本のようなサイコロになる図。ウソの図が1つだけあるよ。❶〜❺のうち、どれ？

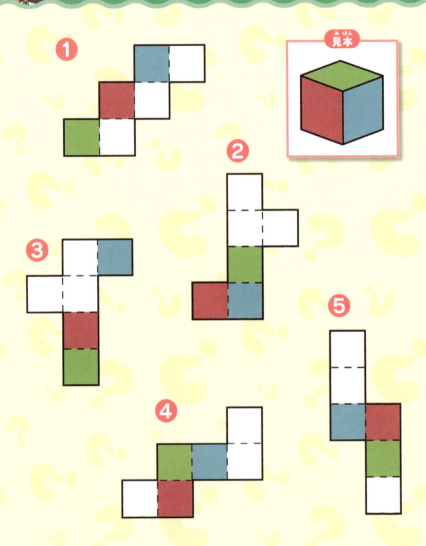

26のこたえ ❺　思いうかべてもわからないときは、36ページをコピーしてじっさいに作ってみよう。

29 パズルのピースを当てはめよう。ウソのピースがまざっているよ。❶~❺のうち、どれ?

パート2 形のウソをさがせ!

㉗のこたえ ❹

思いうかべてもわからないときは、37ページをコピーしてじっさいに作ってみよう。

39

30

パズルのピースを当てはめよう。ウソのピースがまざっているよ。❶～❺のうち、どれ？

❶
❷
❸
❹
❺

㉘のこたえ ❸

思いうかべてもわからないときは、38ページをコピーしてじっさいに作ってみよう。

31 形のウソをさがせ!

パズルのピースを当てはめよう。ウソのピースがまざっているよ。❶〜❺のうち、どれ？

パート2 形のウソをさがせ!

❷のピースはどこにも当てはまらないよ。

32 形のウソをさがせ!

パズルのピースを当てはめよう。ウソのピースがまざっているよ。❶〜❻のうち、どれ？

❶

❷

❸

❶
❷
❸
❹
❺
❻

30のこたえ ❺　❺のピースはどこにも当てはまらないよ。

42

左の3人の子がひもを引いてるよ。右の子のひもとつながっているのは1本だけ。ウソつきは①〜③のだれ？ 2人いるよ。

ひもはまっすぐにつながっているよ

形のウソをさがせ！ 34

カワウソたちが絵を見て何か言っているよ。
ウソつきは❶〜❸のだれ？　2ひきいるよ。

❶ 内がわの四角は**ア**のほうが色がこいよ

❷ 内がわの四角は同じ色だよ

❸ 内がわの四角は**イ**のほうが色がこいよ

32 のこたえ ❶　❶のピースはどこにも当てはまらないよ。

カワウソたちが絵を見て何か言っているよ。
ウソつきは❶〜❸のだれ？ 2ひきいるよ。

パート2 形のウソをさがせ！

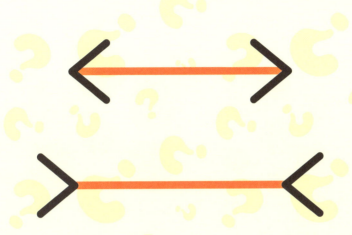

❶ オレンジの線は上のほうが長い

❷ オレンジの線は下のほうが長い

❸ オレンジの線は同じ長さ

㉝のこたえ ❶と❸　じょうぎを当ててみると、❷とつながることがわかるよ。

形のウソをさがせ！ 36

カワウソたちが絵を見て何か言っているよ。
ウソつきは①〜③のだれ？

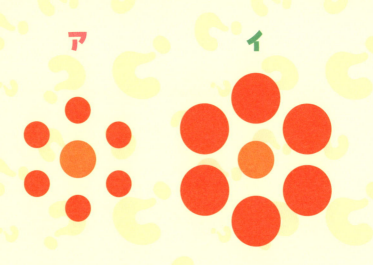

① オレンジの丸は**ア**のほうが大きい

② オレンジの丸の大きさは**ア**も**イ**も同じ

③ **ア**の赤い丸の大きさはすべて同じ

34のこたえ ①と③ 外がわの色がちがうと、色のこさがちがって見えるのは、目のさっかくだよ。

46

カワウソたちがブロックを見て何か言っているよ。ウソつきは❶〜❸のだれ？

パート2 形のウソをさがせ！

❶ ブロックの数はぜんぶで6こ

❷ 赤いブロックは2こ

❸ 青いブロックは3こ

㉟のこたえ ❶と❷　線の先にあるななめの線のむきで長さがちがって見えるのは、目のさっかくだよ。

4ひきのカワウソが、下のブロックをいろいろな方向から見て、見えた形を教えてくれたよ。ウソつきは❶〜❹のうち、だれ？

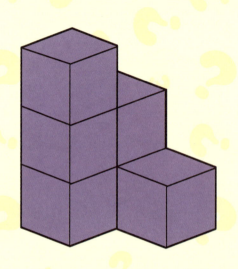

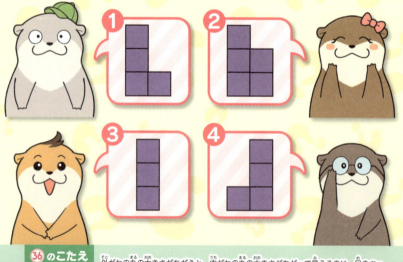

36のこたえ ❶
外がわの丸の大きさがちがうと、内がわの丸の大きさがちがって見えるのは、目のさっかくだよ。

3人の子が、それぞれの方向から見えるブロックの形を教えてくれたよ。ウソつきは❶～❸のうち、だれ？

3人の子が、それぞれの方向から見えるブロックの形を教えてくれたよ。ウソつきは❶～❸のうち、だれ？

ブロックの色のいちに
ちゅう目してみよう

❸のこたえ
❸

❸が見える方向はないよ。❶❷❹に見える方向のこたえは158ページ。

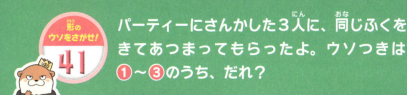

パーティーにさんかした3人に、同じふくをきてあつまってもらったよ。ウソつきは①〜③のうち、だれ？

❶から見える本当の形のこたえ合わせは158ページ。

42 形のウソをさがせ！

へやの中にわすれものをしたから、とりにもどりたいんだって。ウソつきは ① 〜 ③ のうちのだれ？

① ベッドの上に本をおいてきちゃった

② ピンク色のバッグをとりたいの

③ ぼうしが２つあるはずなんだ

㊵のこたえ ②

②から見える本当の形のこたえ合わせは 158 ページ。

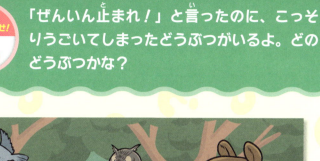

「ぜんいん止まれ！」と言ったのに、こっそりうごいてしまったどうぶつがいるよ。どのどうぶつかな？

㊶のこたえ ① スカートのフリルのだんの数がちがうよ。

2つの絵は左右はんたいにした同じ絵。でも、よく見ると同じ絵ではなかったみたい。どこにウソがあるかわかるかな？

ベッドの上に本はないよ。

45 形のウソをさがせ！

3びきのカワウソが、ケーキを食べていないと言っているけど、1ぴきだけこっそり食べたみたい。ウソつきは①〜③のうち、だれ？

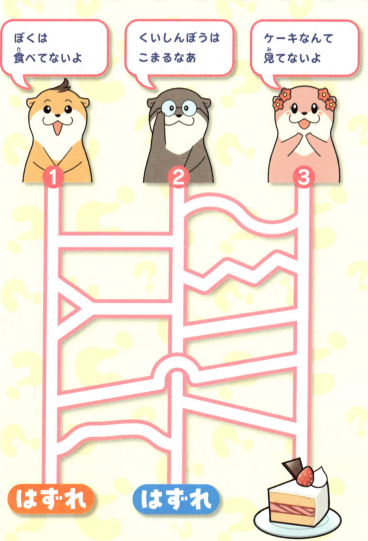

5ひきのカワウソが、たからばこをあけていないと言っているけど、1ぴきだけあけちゃった！　ウソつきは①〜⑤のうち、だれ？

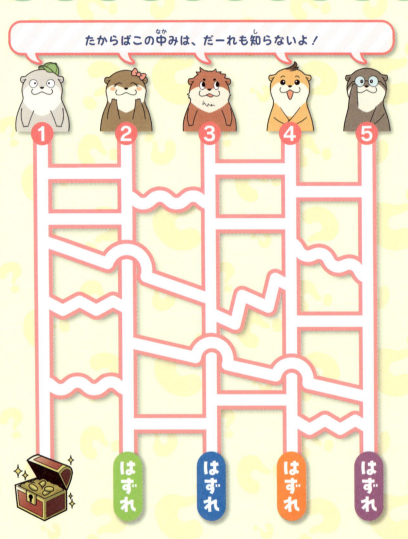

⇒のこたえ　カメ
カメのこうらから出ている頭のいちが、かわっているよ。

47 形のウソをさがせ！

カワウソたちが、ひとふででかける絵を教えてくれたよ。でも、本当はかけないものがあるみたい。ウソつきは❶〜❸のうち、だれ？

❶

❷

❸

45のこたえ ❶　ケーキにつながるあみだくじのルートは158ページ。

48 形のウソをさがせ！

カワウソたちが、ひとふででかける絵を教えてくれたよ。でも、本当はかけないものがあるみたい。ウソつきは❶〜❸のうち、だれ？

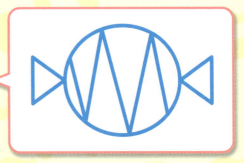

46 のこたえ
❹

たからばこにつながるあみだくじのルートは158ページ。

パート3
ことば・もじのウソをさがせ！

ふだんの会話やあいさつ
正しいかん字を
知っていれば
ウソがわかるはず！

49 あいさつをしているシーンだよ。1つだけウソがまざっているみたい。❶～❸のどれ？

パート3 ことば・もじのウソをさがせ！

❹❼のこたえ ❶

❷❸のかき方のこたえ合わせは158ページ。

ことば・もじのウソをさがせ！ 51

はんたいのことばをあらわす絵のペアをあつめたよ。①〜④でウソのペアはどれ？

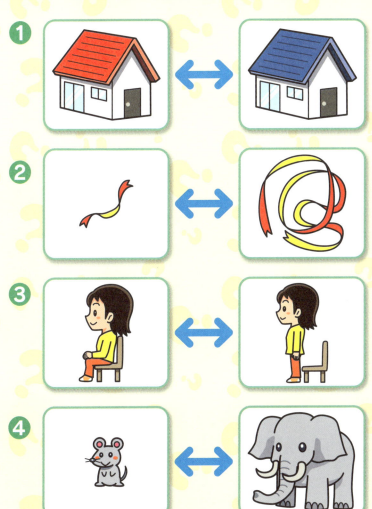

パート3 ことば・もじのウソをさがせ！

49 のこたえ ③　「おかえりなさい」には「ただいま」、「おじゃまします」には「いらっしゃい」だよ。

52 ことば・もじのウソをさがせ！

4人が「あつい」のはんたいのことばを言っているよ。①〜④のうち、ウソをついているのはだれ？

あつい

① せまい
② うすい
③ つめたい
④ さむい

50のこたえ ①
「広い」のはんたいは「せまい」、「小さい」のはんたいは「大きい」だよ。

ことば・もじの ウソをさがせ! 53

カワウソたちが、■■■のどれかに入ることばを言っているよ。でも、1ぴきはウソをついているみたい。①〜④のうち、だれ?

木にのぼる ⇔ 木に□□□

うでをまげる ⇔ うでを□□□

せがのびる ⇔ せが□□□

目をあける ⇔ 目を□□□

① ちぢむ
② のばす
③ とじる
④ しめる

51のこたえ ①
「赤」のはんたいは「青」ではないよ。②は「みじかい」↔「長い」、③は「すわる」↔「立つ」、④は「小さい」↔「大きい」だよ。

ことば・もじの ウソをさがせ！ 54〜57

①か②の正しいことばをえらんですすもう。まちがえると、ウソの道へすすんでしまうよ。

54 正しいことばはどっち？

① シャツをきている
② ズボンをきている

① ぼうしをしめる
② ベルトをしめる

55 正しいことばはどっち？

52 のこたえ ①

「せまい」のはんたいは「広い」だよ。

ぶじにゴールにたどりつけるかな？

パート3 ことば・もじのウソをさがせ！

56 正しいことばはどっち？
① ごはんをもる
② ごはんをそそぐ

57 正しいことばはどっち？
① ハンバーグをつぐ
② お茶をつぐ

ゴール

53 のこたえ ④
「しめる」が当てはまるものはないよ。①は「せがちぢむ」、②は「うでをのばす」、③は「目をとじる」で当てはまるよ。

ことば・もじのウソをさがせ！ 58〜61

①か②の正しいことばをえらんですすもう。まちがえると、ウソの道へすすんでしまうよ。

スタート

58 正しいことばはどっち？
① ボタンをむすぶ
② ひもをむすぶ

59 正しいことばはどっち？
① 目がさます
② 目がさめる

54 55 56 57 のこたえ
①→②→①→②

めいろの正しいルートは159ページ。

ことば・もじの ウソをさがせ！ 62

カワウソたちが、わらった顔をしているよ。ウソをついて楽しいふりをしているのは①〜⑥のだれ？ 2ひきいるよ。

① わくわく
② めそめそ
③ うきうき
④ るんるん
⑤ にこにこ
⑥ おろおろ

カワウソたちが、おこった顔をしているよ。ウソをついておこったふりをしているのは①～⑥のだれ？　2ひきいるよ。

ことば・もじの
ウソをさがせ！
64

カワウソたちが、とってもさむそう…。ウソをついてさむいふりをしているのは①〜⑥のだれ？　2ひきいるよ。

① むしむし
② ゾクゾク
③ ブルブル
④ ガクガク
⑤ ガタガタ
⑥ しみじみ

62 のこたえ
②と⑥

②「めそめそ」は、気が弱くなっていつまでもかなしんでいるようす、⑥「おろおろ」は、こまっているときをあらわすよ。

ことば・もじの ウソをさがせ! 65

カワウソたちが、ないているよ。ウソをついてかなしいふりをしているのは①〜⑥のだれ？ 2ひきいるよ。

パート3 ことば・もじのウソをさがせ！

63 のこたえ ④と⑥

④「じろじろ」は、えんりょをせずにものを見るようす、⑥「ヒソヒソ」は、小声で話しているようすをあらわすよ。

73

ことば・もじの ウソをさがせ！ 66

今日の天気は雨。どんなふうにふっていたかを4人が教えてくれたよ。ウソをついているのは①～④のだれ？

① ザーザー ふっていた

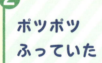
② ポツポツ ふっていた

③ じりじり ふっていた

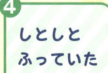
④ しとしと ふっていた

64のこたえ ①と⑥

① 「むしむし」は、むしあついとき、⑥ 「しみじみ」は、ふかくかんじいっている心のようすをあらわすよ。

今日はみんなでおうちのおそうじ。いろいろな音でようすがあらわされているけど、1つだけウソの音がまざっているよ。①〜⑥のどれ？

68
ウソ王国でしかとれない、ふしぎなフルーツ。どんな味がするか教えてくれたよ。ウソつきは①〜③のだれ？

① しょっぱい
② かたい
③ すっぱい

69
ウソ王国だけでのめるパワードリンク。どんな味がするか教えてくれたよ。ウソつきは①〜③のだれ？

① あまい
② にがい
③ くさい

66のこたえ ③
「じりじり」は、たいようが強くてりつけるようすや、ゆっくりすすむようすなどをあらわすよ。

ことば・もじのウソをさがせ！ 70

おとしものが見つかったよ。同じへやにあつまってどこで見つけたかを聞いたら、みんなこたえがバラバラ。ウソつきは①〜⑥のだれ？

パート3 ことば・もじのウソをさがせ！

① このへやにあったよ

② あっちのへやにあったよ

③ つくえの下にあったよ

④ そこにあったよ

⑤ あのあたりにあったよ

⑥ どこにあったかわすれた

1ぴきだけちがうへやのことを言ってるよ

67のこたえ ④
「ジャブジャブ」は、水ですすいだり、水の中を歩いたりするときなどのようすをあらわす音だよ。

自分のコップがどれか、4人にゆびをさしながら教えてもらったよ。ウソのことばをつかっているのは、①〜④のだれ？

ことば・もじのウソをさがせ！ 72

カワウソたちが、下の6つのことばにつかわれているかん字について話しているよ。ウソをついているのは①〜④のだれ？

パート3 ことば・もじのウソをさがせ！

日本　学校

女王　目王

十円　右足

① 点が1つ足りないかん字があるね

② 画数が一番多いのは「学校」

③ かんむりがついているかん字は2つだよ

④ 体にあるものをあらわすかん字は2つだよ

70のこたえ ②
①④⑤は今いるへやのことを言っているけど、②はちがうへやのことを言っているよ。
③⑥はどのへやで言ってもウソとは言えないよ。

73 ことば・もじのウソをさがせ!

カワウソたちが、下の6つのことばについて話しているよ。ウソをついているのは①〜④のだれ？

森林　水田　花火

空気　本名　小石

① 読み方に「ん」がつくことばは3つだよ

② 画数が一番少ないのは「水田」

③ 木はぜんぶで5つだよ

④ へんがあるのは「森林」だけ

71のこたえ ③　「あれ」と言うときは、遠くにあるものをさすときだけど、近くのコップをさしているよ。

ことば・もじのウソをさがせ！74

下の４つのかん字は、書きじゅんの２画目を赤くしてあるよ。１つだけウソがまざっているみたい。どのかん字かな？

中 生 左 右

パート3 ことば・もじのウソをさがせ！

ことば・もじのウソをさがせ！75

下の４つのかん字は、書きじゅんの１画目を赤くしてあるよ。１つだけウソがまざっているみたい。どのかん字かな？

水 入 十 九

72 のこたえ ③

かんむりがつくのは「学（つかんむり）」の１つだけ。❶点が足りないのは「自王」で、正しくは「自玉」。❹体にあるものをあらわすかん字は目と足。

ことば・もじの ウソをさがせ！ **76**

下の４つのかん字は、書きじゅんの３画目を赤くしてあるよ。１つだけウソがまざっているみたい。どのかん字かな？

雨 耳 五 女

ことば・もじの ウソをさがせ！ **77**

下の４つのかん字は、書きじゅんの４画目を赤くしてあるよ。１つだけウソがまざっているみたい。どのかん字かな？

青 四 正 男

73 のこたえ ②

画数が一番少ないのは「小石」。❶は「森林」「本名」「水田」の３つ。❸は「森林」で５つ。❹は「森林」の「林」が木へんだよ。

ことば・もじの ウソをさがせ! 78

下の8つの中に、ウソのかん字が2つまざっているよ。どのかん字かな?

パート3 ことば・もじのウソをさがせ!

虫 石 糸 天
文 子 円 夕

ことば・もじの ウソをさがせ! 79

同じ画数のかん字を4つあつめたよ。1つだけウソがまざっているみたい。どのかん字かな?

花 見 赤 金

74のこたえ 左　左の赤いぶぶんは、1画目だよ。

75のこたえ 九　九の赤いぶぶんは、2画目だよ。

83

ことば・もじの ウソをさがせ！ 80〜85

カワウソたちに同じことばを10回ずつ言ってもらったよ。言えたと言っているけど、じつはウソ。

80
サザナミサザナミサザナミミナミサザナミサザナミサザナミサザナミサザナミサザナミ

81
キュウキュウシャキュウキュウシャキュウキュウシャキュウキュウシャキュウキュウシャキュウリキュウキュウシャキュウキュウシャキュウキュウシャキュウキュウシャ

82
キリギリスキリギリスキリギリスノコギリキリギリスキリギリスキリギリスキリギリスキリギリスキリギリス

---

76 のこたえ　**雨**　雨の赤いぶぶんは、2画目だよ。

77 のこたえ　**青**　青の赤いぶぶんは、2画目だよ。

84

みんなどこかで、ちがうことばを言ってしまっているみたい。それぞれなんということばか、さがし当ててみよう。

パート3 ことば・もじのウソをさがせ！

83
シーソーシーソーシー
ソーシーソーシーソー
シーソーシーンシー
ソーシーソーシーソー

84
ボクシングボクシングボ
クシングボクシングツク
シンボボクシングボクシ
ングボクシングボクシン
グボクシング

85
コスモスコスモスコス
モスコスモスコスモス
コスモススモモコスモ
スコスモスコスモス

78 のこたえ　天と円　天と円という字はないよ。
79 のこたえ　金　「金」は8画。ほかは7画だよ。

85

ことば・もじの ウソをさがせ！ 88

絵の中の、□に入ることばのヒントを教えてくれたよ。ウソをついているのは①〜④のだれ？

1. 「パ」が2つ入るよ
2. 「ン」が3つ入るよ
3. 小さい「ッ」が2つ入るよ
4. さるのなかまが2ひきいるよ

86のこたえ ①　□のこたえは、はなび、やきそば、うちわ、たこやき、かきごおり。

パート4
もの知り頭脳でウソをさがせ！

> 生きものや食べもの
> くらしのマナーやスポーツなど
> いろいろなジャンルの
> もんだいにちょうせんだ！

89 もの知り頭脳でウソをさがせ!

2ひきのナナホシテントウがいるよ。ウソのナナホシテントウは①②のどっち？

90 もの知り頭脳でウソをさがせ!

2頭のシマウマがいるよ。ウソのシマウマは①②のどっち？

パート4 もの知り頭脳でウソをさがせ!

87のこたえ ④
□のこたえは、たま(玉)入れ、大だま(玉)ころがし、つな引き、はちまき。

この中にウソのパンダがまぎれているよ。①〜④のどれ？

もようの色にちゅう目してみて！

88のこたえ ①
□のこたえは、チンパンジー、オランウータン、オットセイ、フラミンゴ、レッサーパンダ。

92

生きものたちが、あるルールでならんでいるよ。①〜③の中で、ウソのならびはどれ？

それぞれがどこにすむ生きものか思い出してみよう！

パート4 もの知り頭脳でウソをさがせ！

89のこたえ ② せなかに7つの黒い点があるのが正しいよ。

90のこたえ ① 頭やどう体のシマもようは、②のむきが正しいよ。

ここはサバンナ。ウソをついているどうぶつがいるよ。①〜⑥のうち、どれ？ 2ひきいるよ。

ここは水べ。ウソをついている生きものがいるよ。①〜⑥のどれ？ 2ひきいるよ。

93のこたえ ①と④　たてがみがあるのはオスライオン。サイはとても目がわるいよ。

96 もの知り頭脳でウソをさがせ！

おすしのネタと、おすしになる前のすがたが、ペアでならんでいるよ。ウソのペアは、①～④のどれ？

94のこたえ ①と④　カバはおよぐのがとくい。ゴリラはオスもメスもむねをたたくけど、オスのほうが音が大きいよ。

97 もの知り頭脳でウソをさがせ!

いろいろなスイーツが、あるルールでならんでいるよ。❶〜❸の中で、ウソのならびはどれ?

❶

❷

❸

ヒントは
それぞれのスイーツが
生まれた場所だよ

95 のこたえ
❶と❺

カエルのゆびは、前が4本、後ろが5本。フナにひげはないよ。

98

いろいろな食べものが、あるルールでならんでいるよ。①～④の中で、ウソのならびはどれ？

①

②

③

④

96のこたえ ④

④のおすしはエビで、おすしになる前のすがたはホタテ貝。①はマグロ、②はサケ（サーモン）、③はタイ。

99

あんこが入っているおかしをあつめたよ。でも、ウソが1つまざっているみたい。①〜⑥のうち、どれ？

97 のこたえ
②

②はぜんぶようがしだよ。①③は左から、ようがし→わがし→ようがし→わがし、というルールでならんでいるよ。

はたけで夏やさいをしゅうかくしてきたよ。でも、ウソが1つまざっているみたい。①〜⑥のうち、どれ？

パート4 もの知り頭脳でウソをさがせ！

ヒントは長くて太いやさいだよ

98のこたえ ②
②はぜんぶあたたかい食べものだよ。①③④は左から、つめたい→あたたかい→つめたい→あたたかい、というルールでならんでいるよ。

102 もの知り頭脳でウソをさがせ！

ダイズというまめをざいりょうにふくむ食べものをあつめたよ。でも、1つだけウソがまざっているみたい。①〜⑦のうち、どれ？

パート4 もの知り頭脳でウソをさがせ！

100 のこたえ ②
ダイコンは冬やさい。夏にもとれるけど、冬にとれるダイコンがもっともおいしいとされているよ。

あるルールで①〜④の式が作られているよ。ウソの式はどれ？

101のこたえ ③
はしとはしで食べものをうけわたすのは、えんぎがわるいとされているよ。

いろいろなものの数え方を教えてくれたよ。ウソをついているのは①〜④のうち、だれ？

パート4 もの知り頭脳でウソをさがせ！

⑦食パンのざいりょうに、ダイズはふくまれていないよ。❶みそ、❷しょうゆ、❸とうふ、❹なっとう、❺きなこ、❻あつあげは、ダイズをもとに作られるよ。

もの知り頭脳で
ウソをさがせ!
105

いろいろなものが、あるルールでならんでいるよ。①〜③の中で、ウソのならびはどれ？

ヒントはさわったり食べたりしたときのかんしょくだよ

104のこたえ
④

①②③の式のルールは、3つの食ざいと、それをつかってできるものだよ。

もの知り頭脳でウソをさがせ！106

日本の年中行事についてしょうかいしているよ。1つだけウソがまざっているみたい。①～④のうち、どれ？

パート4 もの知り頭脳でウソをさがせ！

① お正月には門まつやかがみもちをかざるよ

② たんごのせっくにはこいのぼりやかぶとをかざるよ

③ 七夕には月見だんごを食べるよ

④ せつ分にはまめをまくよ

104のこたえ ④　たまごの数え方は、1つ、または1こだよ。

木の葉の中に、ウソの葉が1つまぎれこんでいるよ。①〜⑥のうち、どれ？

草むらに生えている葉があるよ

105 のこたえ
③

③はぜんぶかたいもの。①②は左から、やわらかい→かたい→やわらかい→かたい、のルールでならんでいるよ。

108 もの知り頭脳でウソをさがせ！

春にさく花をつんできたよ。ウソの花が１つまぎれこんでいるみたい。①〜⑤のうち、どれ？

106のこたえ ③
七夕に月見だんごは食べない。月見だんごを食べるのは、「十五夜」といわれるお月見のときだよ。

もの知り頭脳でウソをさがせ！ 109

カワウソたちが、やきゅうについて教えてくれたよ。でも、この中にウソつきがいるみたい。①〜④のうち、だれ？

① 9人たい9人でたたかうよ

② バットとグローブをつかうよ

③ せめとまもりを交代しながら点をとり合うよ

④ 内野はいるけど外野はいないよ

107 のこたえ ④
クローバーは草むらに生えるしょくぶつの葉。①イチョウ、②モミジ、③ヒイラギ、⑤サクラ、⑥マツは、木だよ。

110

もの知り頭脳でウソをさがせ！ 110

カワウソたちが、サッカーについて教えてくれたよ。でも、この中にウソつきがいるみたい。①〜④のうち、だれ？

パート4 もの知り頭脳でウソをさがせ！

① 11人たい11人でたたかうよ

② コートの形は四角形だよ

③ ゴールをまもる人をキャッチャーというよ

④ 手でボールをなげることもあるよ

108のこたえ ④ アサガオは夏にさく花。①なの花、②チューリップ、③タンポポ、⑤レンゲソウは、春にさく花だよ。

2つの絵のぐで何色ができるかまぜてみたよ。できた色に1つウソがあるみたい。①～④のうち、どれ？

のこたえ
④
外野もいるよ。

112 もの知り頭脳でウソをさがせ!

いろいろなものが、あるルールでならんでいるよ。❶～❸の中で、ウソのならびはどれ？

❶

❷

❸

大きさにちゅう目してみてね

⓾のこたえ ❸
ゴールをまもる人のことを「キーパー」というよ。

113
下のマスに6つのしんかんせんの名前が書いてあるよ。でも、それはウソ。1つだけ入っていないものがあるみたい。どれかな？

り	ぞ	の	こ
か	み	ち	ま
ひ	は	や	ぶ
り	お	さ	さ
ぎ	に	ば	つ

入っているしんかんせんの名前
- こだま
- ひかり
- はやぶさ
- のぞみ
- つばさ
- こまち

ななめいがいはどのむきに読みすすめてもいいよ

青と黄色をまぜてできる色はみどりだよ。

114

いろいろなものが、あるルールでならんでいるよ。①〜③の中で、ウソのならびはどれ？

はやさにちゅう目してみよう

パート4 もの知り頭脳でウソをさがせ！

のこたえ
②
①と③は左から、大きい→小さい、のじゅんにならんでいるよ。

115 ウソをついているのりものがあるよ。①〜⑥のうち、どれ？ 2つあるよ。

① パトカーの色は世界中で白と黒にきまっているよ

② きゅうきゅう車の中にはベッドがつまれているよ

③ しょうぼう車は火じになるとサイレンをならしてかけつけるよ

④ クレーン車は土をほるのがとくいだよ

⑤ ゴミしゅうしゅう車は大りょうのゴミをつんではこぶよ

113のこたえ　こだま

こたえ合わせは159ページ。

もの知り頭脳でウソをさがせ！ 116

ひこうきの中でのマナーについて、ウソをついているのは①〜④のだれ？

パート4 もの知り頭脳でうそをさがせ！

① 通路ににもつをおくとめいわくだよ

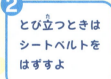

② とび立つときはシートベルトをはずすよ

③ ひこう中はおかしを食べてもいいよ

④ ひこう中は大きな声でさわがないよ

114 のこたえ ②

①と③は左から、スピードがおそいじゅんだけど、②は左から、スピードがはやいじゅんだよ。

117 道路での交通マナーについて、ウソをついているのは①〜④のだれ？

① 青信号が点めつしていたらわたらないよ

② 道路にとび出すのはあぶないよ

③ 道路の近くであそんだらダメだよ

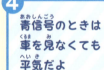
④ 青信号のときは車を見なくても平気だよ

115のこたえ ①と④

パトカーの色は、国によってちがう。クレーン車は、高いところのものや大きなものをつり上げてはこぶ車だよ。

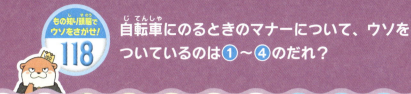

自転車にのるときのマナーについて、ウソをついているのは❶〜❹のだれ？

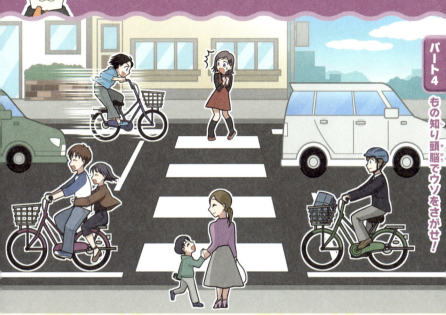

パート4 もの知り頭脳でウソをさがせ！

❶ 2人のりをしてもいいよ

❷ スピードを出しすぎるとあぶないよ

❸ くらくなってきたらライトをつけるよ

❹ ヘルメットをかぶったほうが安全だよ

116 のこたえ ❷　ひこうきがとび立つときはぜんいんすわって、シートベルトをつけなければいけないよ。

119

ゆうせんせきのマークをあつめたよ。1つだけウソがまざっているみたい。❶～❹のうち、どれ？

117のこたえ ❹
青信号のときでも、車が来ていないかをよくたしかめてから、ゆっくりわたらなければいけないよ。

120 通学路の交通ひょうしきだよ。ウソのマークは①②のどっち？

パート4 もの知り頭脳でウソをさがせ！

121 ひじょう口をあらわすひょうしきだよ。ウソのひょうしきは①②のどっち？

118のこたえ ①
2人のりは、ほうりつできん止されているよ。

122 もの知り頭脳でウソをさがせ!

十二支のどうぶつたちがあつまったよ。十二支ではないのに、ウソをついてまざりこんでいるのは、どれ？

十二支は12ひきだからウソをついているのは2ひきだね

119 のこたえ ❸
❶はにんしんしている人、❷は体がふじゆうな人、❹はお年よりをあらわすマークだよ。

4つのカレンダーに、1つだけウソのカレンダーがまざっているよ。①～④のうち、どれ？

① 1月
1 2 3 4 5 6 7
8 9 10 11 12 13 14
15 16 17 18 19 20 21
22 23 24 25 26 27 28
29 30 31

② 3月
1 2 3 4 5 6 7
8 9 10 11 12 13 14
15 16 17 18 19 20 21
22 23 24 25 26 27 28
29 30 31

③ 6月
1 2 3 4 5 6 7
8 9 10 11 12 13 14
15 16 17 18 19 20 21
22 23 24 25 26 27 28
29 30 31

④ 8月
1 2 3 4 5 6 7
8 9 10 11 12 13 14
15 16 17 18 19 20 21
22 23 24 25 26 27 28
29 30 31

1か月の日数にちゅう目しよう

パート4 もの知り頭脳でウソをさがせ！

120 のこたえ ① ②のむきが正しいよ。

121 のこたえ ② ②はひなんじょのひょうしきだよ。

いろいろな生きものの親子をあつめたよ。1組だけウソの親子がまざっているみたい。①〜④のうち、どれ？

①

②

③

④

122 のこたえ
ネコ・キツネ

十二支に、ネコとキツネはふくまれないよ。

カワウソたちが歌を歌っているけど、みんな1かしょずつウソのかしを歌っているみたい。どこのかしかな?

125
でんでんむしむし かたつむり
おまえのあたまは ここにある
つのだせやりだせ あたまだせ

126
ゆきやこんこ あられやこんこ
ふっては ふっては
ぐんぐんつもる

127
おおきな のっぽな ふるどけい
おじいさんの とけい

128
どんぐり ころころ どんぶりこ
こいけにはまって さあたいへん
どじょうが でてきて こんにちは

124 のこたえ ③　4・6・9・11月は1か月が30日だから、6月31日はないよ。

125

129 もの知り頭脳でウソをさがせ!

いろいろなものが、あるルールでならんでいるよ。ウソのならびは、①〜④のうちどれ?

①

②

③

④

124のこたえ ①
カブトムシのせい虫とセミのよう虫だから、親子ではないよ。

パート5
すいりで ウソをさがせ!

さいごのパートだよ！
頭（あたま）をやわらか〜くして
すいりしてみよう！
ウソを見（み）やぶれるかな？

130 すいりでウソをさがせ！

ふしぎなことばが書かれたメモをはっけん。
ウソをついているのは❶～❸のだれ？

> うたそたたをつたいてた
> たいるたのたはねたたこ

❶ 　❷ 　❸

「タヌキ」の絵がかかれているということは「た」をぬいて読めばいいのかも！

---

125 のこたえ　✗ここにある　◎どこにある

126 のこたえ　✗ぐんぐん　◎ずんずん

127 のこたえ　✗のっぽな　◎のっぽの

128 のこたえ　✗こいけ　◎おいけ

すいりでウソをさがせ! 131

カバンとメモがおいてあったよ。みんな「ぼくの」と言っているけど、2ひきはウソをついているよ。①〜③のだれとだれ？

りこちのちりカちりり
バちちンりはちラりイ
りちオりリンちちのち
りもちのだより

① ぼくのだよ

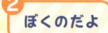
② ぼくのだよ

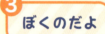
③ ぼくのだよ

「ちりとり」の絵がかかれているということは……？
カバンはだれのものかな？

129のこたえ ③
①②④は左から、古いものから新しいものへのうつりかわりのじゅんにならんでいるけど、③はぎゃくのじゅんにならんでいるよ。

132 すいりでウソをさがせ！

たからのありかが書かれているという暗号文。読みとけたと言っているけど、2ひきはウソをついているよ。❶〜❸のだれとだれ？

パート5 すいりでウソをさがせ！

**たおらは
うてのなお**

❶ たからは山の上
❷ たからは海の中
❸ たからは木の下

「てがみ」と「おはか」の絵に何かいみがありそうだね！

130のこたえ ❶ 「た」をぬいて読むと、「うそをついているのはねこ」と書いてあるよ。

131

この中に、あるどうぶつの名前がかくれているよ。そのどうぶつのせつめいで、ウソをついているのは①〜③のだれ？

左の3つの食べものの名前のもじをけしてみよう！

```
    る      に
ん    ご      ん
   く   り  に
さ    ん      じ
```

① キーキー なくよ

② 木のぼりが うまいよ

③ 海の中に すんでいるよ

131 のこたえ ②と③ 「ち」と「り」をぬいて読むと、「このカバンはライオンのものだよ」と書いてあるよ。

134 すいりでウソをさがせ!

この中に、ある食べものの名前がかくれているよ。その食べもののせつめいで、ウソをついているのは❶〜❸のだれ?

← 左の3つの食べものの名前のもじをけしてみよう!

```
     すいりで
  な  み  か  め
ろ    か  な  ば
  ん  ん  か  い
```

パート5 すいりでウソをさがせ!

❶ オレンジ色をしてるよ

❷ かわをむいて食べるよ

❸ 黒いたねがたくさん入っているよ

132のこたえ ❶と❸

「て」が「み」、「お」は「か」と読みかえると、「たからはうみのなか」と読めるよ。

すいりでウソをさがせ! 135

この中に、ある文ぼうぐの名前がかくれているよ。その文ぼうぐのせつめいで、ウソをついているのは①〜③のだれ？

左の4つのものの名前のもじをけしてみよう！

```
       ぴ          む
  ヨ  っ       レ   ん
ふ   し  ク  ぐ     ご
 え      ン  の  で  け
   え
```

① 書くときに つかうよ

② けずると 先がとがるよ

③ 書いたら けせないよ

133 のこたえ ③　かくれていた名前は「さる」。さるは海の中にすんでいないよ。

カワウソたちが、?に入るもじをつなげるとあらわれることばのヒントを教えてくれたよ。ウソをついているのは❶～❸のだれ？

パート5 すいりでウソをさがせ！

❶ かたくて食べられないよ

❷ どくがあるものもあるよ

❸ 山の中で見つけることができるよ

134 のこたえ ❸　かくれていた名前は「みかん」。みかんのたねは黒くないよ。

カワウソたちが、？に入るもじをつなげるとあらわれることばのヒントを教えてくれたよ。ウソをついているのは①〜③のだれ？

① 木にとまってなくよ

② こん虫のなかまだよ

③ かたいつのをもっているよ

135のこたえ ③ かくれていた名前は「えんぴつ」。えんぴつはけしゴムでけせるよね。

138 すいりでウソをさがせ!

カワウソたちが、?に入るもじをつなげるとあらわれることばのヒントを教えてくれたよ。ウソをついているのは❶〜❸のだれ？

❶ とげとげがあるよ

❷ 細くて長いフルーツだよ

❸ 黄色い色をしているよ

136のこたえ ❶ □に入ることばは、きつね・のりまき・はこ。?に入るもじをつなげると「きのこ」。

ある家のかべにメモがはられていたよ。カワウソたちはこの文を読みとけたらしいけど、ウソをついているのは❶〜❸のだれ？

この お●ちは ●▲の お●ちだよ。
い▲は おでかけしてい▲す。
すこし ▲っていてね。

❶ うまは家の中にいるよ

❷ 今は外出中みたいだよ

❸ ここはうまのおうちだよ

同じ記号のところには同じもじが入るよ

137のこたえ ❶　□に入ることばは、かめ・ぶた・とり・わごむ・しか。？に入るもじをつなげると「かぶとむし」。

すいりでウソをさがせ! 140

ネコから手紙がとどいたよ。カワウソたちはこの文を読みとけたらしいけど、ウソをついているのは❶～❸のだれ?

> あ●たは　●ま▲まの　たん●゛ょ▲び。
> みんなで　おいわい●よ▲!
> パ★ティ★を　ひらくから
> ▲んど▲●゛ょ▲に　2●゛に
> ●ゅ▲ご▲●てね!
> シュ★クリ★ムが　たべられるよ。
>
> 　　　　　　　　　　　ネコより

❶ たんじょうび会へのしょうたいだよ

❷ 集合場所は公園だよ

❸ パーティーは2時からだよ

138のこたえ ❷　□に入ることばは、しょくぱん・いす・どーなつ・りゅっくさっく・こっぷ・みそしる。?に入るもじをつなげると「ぱいなっぷる」。

すいりでウソをさがせ！ 141

カワウソ大王からのめいれいが書かれたメモ。カワウソたちはこの文を読みとけたらしいけど、ウソをついているのは❶～❹のだれ？

●ょうの　おやつには　▲ー●と
■★ーと　◆★▼を　食べたいな。
そうまは　▲ー●を　ことはは
■★ーを　わたしは　◆★▼を
食べるよ。
3時になったら　テーブルの　上に
ならべてほしい。フォークや
ス◆ー▼は　ひだ★の　戸だなから
出してね。

わかったもじから当てはめていくと考えやすいよ！

139 のこたえ ❶　●は「う」、▲は「ま」。記号にもじを当てはめて読んでみよう。

パート5 すいりでウソをさがせ！

①  そうまにはムースを出すよ

② ことはにはゼリーを出すよ

③  大王にはプリンを出すよ

④ フォークやスプーンは戸だなにあるよ

⑤  3時になったらじゅんびをするよ

140のこたえ ②　●は「し」、▲は「う」、★は「ー」。記号にもじを当てはめて読んでみよう。

142

めいろをたどってアメの数を数えよう。ウソをついているのは❶〜❸のだれ？

●は「き」、▲は「け」、■は「ぜ」、★は「り」、◆は「ぶ」、▼は「ん」。記号にもじを当てはめて読んでみよう。

パート5 すいりでウソをさがせ！

1 ゴールまでに赤いアメは1つ

3 ゴールまでに黄色いアメは1つ

3 ゴールまでに青いアメは1つ

143 すいりでウソをさがせ！

はしごをつかって上下のかいにいどうしながら、カラフルな色のへやをすすんでゴールをめざそう。

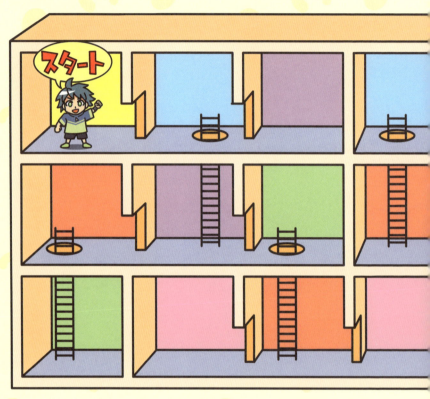

① 赤いへやを2回通ったよ

② はしごを2回のぼったよ

142のこたえ ① ゴールまでに赤いアメは2つ。めいろの正しいルートは159ページ。

ウソをついているのは❶〜❹のだれ？

パート5 すいりでウソをさがせ！

❸ スタートからゴールまでの間に14へやを通ったよ

❹ 青いへやを2回通ったよ

カワウソたちが、色ちがいのふくろをもっているよ。ふくろのおもさはみんな同じと言っているけど、本当は1ぴきがもっているふく

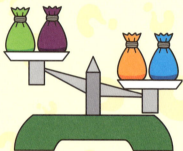

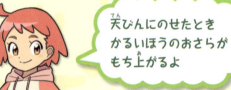

天びんにのせたとき かるいほうのおさらが もち上がるよ

ろだけかるいみたい。ウソをついているのは ①〜⑥ の だれ？

カワウソたちが、5つのリュックサックのおもさをはかったよ。ウソをついているのは①〜⑤のだれ？

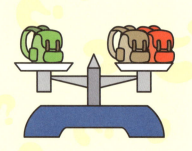

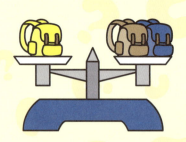

144のこたえ
⑥

むらさき色のふくろがのっているおさらがいつももち上がっているから、⑥のふくろだけかるいことがわかるよ。

すいりでウソをさがせ! 146

カワウソ大王のプリンが、だれかに食べられちゃったみたい！ この中で1ぴきがウソをついているよ。①〜④のだれ？

わたしのプリンを食べたのはだれだ!?

① ❸が食べていたよ

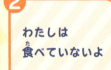

② わたしは食べていないよ

③ ❶が食べていたよ

④ ❸は食べていないよ

145のこたえ ④
リュックはかるいじゅんに、🎒→🎒→🎒→🎒→🎒。

カワウソたちが、かけっこをしたときのじゅんいについて話しているよ。この中で1ぴきがウソをついているよ。①〜⑤のだれ？

① わたしが
④のつぎに
ゴールしたよ

② ぼくは①と
⑤より
おそかったよ

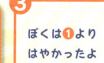

③ ぼくは①より
はやかったよ

④ ぼくが
さいしょに
ゴールしたよ

⑤ ①と③の間に
1ぴきが
ゴールしたよ

パート5 すいりでウソをさがせ！

すいりでウソをさがせ！ 148

3びきのカワウソが、それぞれのいる場所を教えてくれたよ。ウソをついているのは ①〜③のだれ？

146 のこたえ ①
①が食べていたら①がウソつき、②か④が食べていたら①と③がウソつき、③が食べていたら③と④がウソつきになる。ウソつきは1ぴきだから、こたえは①。

152

パート5 すいりでウソをさがせ！

① 赤いやねの家からまっすぐ前にすすんで2つ目の角を左にまがり 3つ目の角を右にまがり 2つ目の角を左にまがり まっすぐすすんだところにいるよ

② 公園から出て1つ目の角を左にまがり 2つ目の角を右にまがり 4つ目の角を右にまがり まっすぐすすんだところにいるよ

③ コンビニからまっすぐ前にすすんで3つ目の角を右にまがり 2つ目の角を右にまがり 1つ目の角を右にまがり まっすぐすすんだところにいるよ

右と左の方向は
すすむ人から見たときの方向になるから
ちゅういしてね

147 のこたえ
④ ゴールしたじゅんは、1 いから ③→④→①→⑤→②。

カワウソたちが、絵画の大しょうをとった作品について話しているよ。ウソをついているのは❶～❸のだれ？

❶ 親子のようすがほほえましいね

❷ 数を数えたら5頭もいたよ

❸ きれいなにじが色あざやかだね

148のこたえ ❷　カワウソたちが教えてくれたそれぞれのルートは、159ページ。

すいりでウソをさがせ！ 150

4人が「カワウソ大王と会った」と言っているけど、カワウソ大王が会ったのは3人だけ。ウソをついているのは❶〜❹のだれ？

パート5 すいりでウソをさがせ！

- 1人はぼうしをかぶっていたよ
- 1人はカバンをもっていなかったよ
- 1人はみどりの服をきていたよ

⑮のこたえは159ページを見てね。

149 のこたえ ❷

❶と❸は左から2つ目のゾウの絵のことを話しているから、大しょうをとったのはゾウの絵とわかるよ。❷は左から3つ目のキリンの絵のことを話しているよ。

こたえのかいせつ

45

46

47

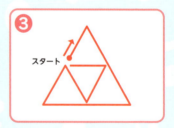

48

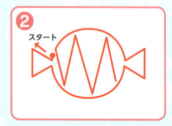

※ひとふでがきのかき方は一れいです。

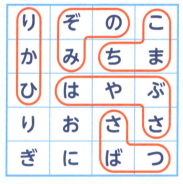

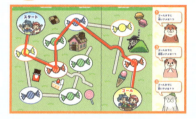

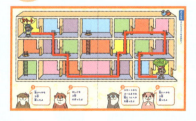

カワウソ大王のしょうげんを1人ずつ当てはめていくと、❸がのこるよ。

159

成田奈緒子（なりた なおこ）

小児科医、医学博士。不登校・引きこもり・発達障害等の親子・当事者支援事業である「子育て科学アクシス」代表。文教大学教育学部教授。臨床医、研究者としての活動も続けながら、医療、心理、福祉を融合した新しい子育て理論を展開している。著書に『子どもの脳を発達させるペアレンティング・トレーニング』（上岡勇二氏との共著。合同出版）、『山中教授、同級生の小児脳科学者と子育てを語る』（山中伸弥氏との共著。講談社）など多数。

ひらめき★ゲームワールド
頭がよくなる!! ウソさがし150

2025年3月　第1刷

監修	成田奈緒子
作	ひらめき★ウソさがし制作部

迷路作	黒鍋亭

漫画	ナガラヨリ
イラスト	笠原ひろひと、七綱ナギ
カバーイラスト	ナガラヨリ

発行者	加藤裕樹
編集	鍋島佐知子
発行所	株式会社ポプラ社
	〒141-8210　東京都品川区西五反田 3-5-8
	JR 目黒 MARC ビル 12 階
	ホームページ　www.poplar.co.jp
印刷・製本	中央精版印刷株式会社
カバーデザイン	Victoire design
本文デザイン	ダイアートプランニング（髙島光子）
校正	夢の本棚社
編集協力	株式会社スリーシーズン（藤門杏子）

ISBN978-4-591-18549-0　N.D.C.798　159p　19cm　Printed in Japan

落丁・乱丁本はお取り替えいたします。
ホームページ（www.poplar.co.jp）のお問い合わせ一覧よりご連絡ください。

読者の皆様からのお便りをお待ちしております。いただいたお便りは著者にお渡しいたします。

本書のコピー、スキャン、デジタル化等の無断複製は著作権法上での例外を除き禁じられています。
本書を代行業者等の第三者に依頼してスキャンやデジタル化することは、たとえ個人や家庭内での利用であっても著作権法上認められておりません。

本の感想をお待ちしております
アンケート回答にご協力いただいた方には、ポプラ社公式通販サイト「kodo-mall（こどもーる）」で使えるクーポンをプレゼントいたします。
※プレゼントは事前の予告なく終了することがあります
※クーポンには利用条件がございます

P6051007